Ann-Katrin Heger · Megan Higgins

Der weltbeste Einschlafdienst

Eine dicke Staubkugel
wirbelte den Hügel hinunter
und blieb dann liegen.
Die Kugel kicherte und
plötzlich war sie keine mehr.
Im Gras sah man nun eine Eule
mit bunten glitzernden Federn und eine
kleine Ratte mit lustig geringeltem Schwanz.
Total verwurstelt.
Niemand konnte sagen, wo die Eule anfing
und wo die Ratte aufhörte.

Die Eule hieß Molli.
Die Ratte Eugen.
»Noch mal!«, rief Molli. »Das ist so toll flitzig.
So flatterazeng. So firlefanzig!«
»Aber dann ist Schluss. Hundertmal reicht.
Außerdem wird es schon gleich dunkel.«
Eugen rappelte sich auf und kratzte sich am Ohr.
Dann hopsten und flatterten Molli und Eugen
den Hügel wieder hinauf.

Doch als sie oben waren, vergaßen die beiden
auf der Stelle das Hinunterkugeln.
Erst guckten sie. Und dann staunten sie. Sehr.
Auf der Wiese, mittendrin, stand ein wolkenweißer Wohnwagen.
Oder eher eine wohnwägliche Weißwolke.
Oder ein wäglichwolkiges Wohnweiß.
Es war schwer zu entscheiden.
»DAS war doch vorhin noch nicht da«, meinte Molli.
»Nein, das war es nicht«, bestätigte Eugen. »Was immer ES ist.«

Molli flog mit neugieriger Laune näher und Eugen flog mit.
Wie immer hängte er sich einfach an Mollis Krallen.
FLIPP-FLAPP-HUIIIII!

Molli hüpfte auf das wolkige Ding zu und pikte mit der Flügelspitze hinein. »Fühlt sich an wie Zuckerwatte«, sagte sie.
Eugen wackelte mit der Nase. Er war entschieden dafür, etwas vorsichtiger zu sein. Wenn er recht überlegte, war er sogar dafür, VIEL vorsichtiger zu sein.
Also hielt Eugen Abstand, ließ Molli machen und schloss die Augen.
RUMS. KRCHHHH. Etwas klickte, etwas scharrte.
Dann sagte Molli: »Kannst reinkommen. ES ist offen.«

ES sah ziemlich sonderbar aus.
Aber ES hatte eine Tür. Und die war jetzt offen.
Innendrin war ES sogar noch sonderbarer.
So etwas kannten Molli und Eugen nicht.
Niemand, den sie kannten, kannte so etwas.
Da waren sie sich sicher.
So sicher, wie Molli glitzernde Federn hatte und
Eugen einen regenbogenbunten Rattenschwanz.
In der Mitte des Wolkenwagens stand ein Schaukelbett.
Mit flauschigen Kissen und noch viel flauschigeren Decken.
Guckten sie nach oben, blitzten da Sterne,
die eigentlich Lampen waren.
Die Wände waren Regale mit winzigen Schubladen, die vollgestopft waren mit Sachen.
»Eugen?«
»Molli?«
Sie sahen einander an. Es war
sooo schön hier, aber wozu
war das alles gut?

Vielleicht zum Spielen und Ausruhen?«, überlegte Molli. Sie flatterte hoch und sauste im Sturzflug hinunter auf das Flauschebett.
PLUMPS. HÜPF! HÜPF!
Eugen überlegte auch. Vielleicht war es ein Einkaufsladen? Oder eine Vorratskammer?
Er zog einige Schubladen auf.
Sofort roch es. Süß. Herb. Erdig. Wunderbar.
»Da sind getrocknete Blumen drin«, sagte er.
Molli schaukelte das Bett. Hoch und immer höher.
»Ich sehe Socken! Und Badekugeln.«

Eugen beobachtete Molli, die hin- und herschaukelte.
Doch davon wurde ihm schummrig.
Er setzte sich zwischen einen Berg Kuscheltiere,
der neben dem Bett aufgetürmt war.
Schon besser. Und so weich!
»Warum ist hier alles flauschig und puschelig?
Warum gibt es gemütliche Socken?«, fragte er.
»Und warum riecht es gut und ist warm und so …
ahhhh, nie-mehr-weg-wollerig?«
»Guck … mal … was … da …. steht!«, rief Molli abgehackt.
Weil es die ganze Zeit hoch- und runterging.
»Bitte hör auf zu schaukeln. Wenn mir übel ist, kann ich nicht mal hören, was du sagst«, jammerte Eugen.
Molli stoppte das Bett und deutete auf ein funkelndes Schild am Sternenlichterhimmel.
Sie las vor:

Im nächsten Moment blinkte eine rote Lampe auf.
Die Sterne an der Decke begannen ebenfalls zu blinken.
Ein Lautsprecher schaltete sich ein: »Achtung! Auftrag erhalten.«
Es knackte und aus dem Lautsprecher kam die Ansage:
»Auftrag wird vom Einschlafdienst ausgeführt.«
Molli glitzerte vor Freude. »Toll, wir haben ganz offensichtlich einen Auftrag.«
»Was ist ein Auftrag?«, fragte Eugen. »Und was ist ein Einschlafdienst?«
Molli wirbelte mit den Flügeln. »Äh … halt so was … ja … lass mal überlegen … weißichauchnichtgenau.«
Das Licht leuchtete noch immer rot, die Sterne blinkten weiter, nur aus dem Lautsprecher schwebten nun zarte Töne hin zu Molli und Eugen.
Düdeldidüdeli-duuuuu.
Molli flatterte zu Eugen und wiegte sich mit ihm an den Flügeln hin und her. »Wir werden es schon herausfinden. Wird schon, wird schon.«

Die Tür ging auf und ein Schaf steckte den Kopf herein.
»Ha-a-allo!«, mähte es. »Bitte fe-e-esthalten. Es geht los.«
»Warte mal!«, sagte Molli. »Wohin geht es los? Und kannst du uns erklären, was ein Einschlafdienst ist?«
»Nä-ä-ä. Wir Traumschafe sind nur für euren Transport zuständig.«
Molli und Eugen schauten sich an. Traumschafe? Das wurde immer rätselhafter. Sie guckten nach draußen. Vier Schafe waren vor den weißen Wolkenwagen gespannt.
»Gleich geht es – huiii – durch die Luft«, meinte das fünfte Schaf.

»Huiii durch die Luft?« Das war Eugen nicht geheuer.
»Ge-e-enau! Meine Traumschaf-Kumpels und ich können fliegen, von Geburt an. Keine große Sache. Und wir können prima gezählt werden. Das machen nachts echt viele. Um besser einzuschla-a-afen.«
»Toll«, sagte Molli und glitzerte noch glitzriger. »Und was passiert jetzt als Nächstes?«

Das Nächste, was passierte, war, dass die Schafe zu singen begannen.
»*Schlaf, Schäfchen, schla-a-af!*«, mähten sie leise und trabten an.
Der Wolkenwagen setzte sich in Bewegung.
Mit einem Huiii erhoben sie sich und glitten sanft wie Wolken durch die Luft. Der Flug war völlig ruhig.

Das Schaukelbett im Wolkenwagen wippte ein wenig,
ein paar getrocknete Lindenblüten wirbelten durch die Luft.
Molli und Eugen sahen draußen die Landschaft im
Abendrot vorüberziehen.

Wttttt!, landete der Wolkenwagen eine kleine Weile später wattezart auf einer Lichtung.
Ein kleiner Dachs, ein Hasenmädchen und ein Biber winkten.
»Hallo! Hierher!«, rief der Biber. Er zeigte auf eine Stelle zwischen den Brombeersträuchern.
»Der Parkplatz hier ist für den Einschlafdienst reserviert.«
Molli steckte den Kopf durch das Fenster und winkte zurück.
Eugen schüttelte ein paar Lindenblütenblätter aus seinem Fell. Dann nahm er sich einen Stofftiger vom Stofftierhaufen und klemmte ihn unter den Arm. Zur Sicherheit.
»Komm, Eugen«, sagte Molli aufgeregt. »Ein Einsatz ist offensichtlich etwas, wo wir gebraucht werden und man sich über uns freut!«

Die drei Tiere kamen lachend näher. »Endlich, endlich, endlich seid ihr da! Arne hat in den letzten Tagen so oft angerufen, aber es ist nie jemand rangegangen«, sagte das Hasenmädchen. Biber Arne schob den kleinen Dachs nach vorn.
»Luis kann nämlich nicht mehr gut schlafen!«, erklärte er.
Der kleine Dachs nickte traurig. »Das ist so knalldoof! Ich wache jede Nacht auf und habe Angst«, erzählte er. »Und Lola erschreckt sich immer, wenn ich wach werde.«
Das Hasenmädchen wackelte mit seinen langen Ohren. »Ich kann dann nicht mehr einschlafen. Deswegen brauchen wir euch.«
»Ist wirklich ungemütlich«, bestätigte Luis. »Und macht ein ganz drückliches Gefühl im Bauch und hier!« Er legte die Hand aufs Herz.

Verstehe«, sagte Molli. Dieses drückliche Gefühl kannte sie. »Das müssen wir ändern.«
»WIR? Wie?«, flüsterte Eugen Molli zu.
»IRGENDwie«, flüsterte Molli zurück. »Schon vergessen? Wir haben einen Wolkenwagen. Mit Socken und Tee und Blinkesternen. Und singende Traumschafe.«
»Wir müssen ihnen sagen, dass wir nicht der ECHTE Einschlafdienst sind«, meinte Eugen. »Dass wir nur hineingeraten sind in die Sache. Dass wir gar nicht wissen, was wir tun sollen.«
Molli schüttelte den Kopf, dass die Federn nur so glitzerten. »Papperlapapp. Der Wolkenwagen ist zu uns gekommen. Der wird schon wissen, wen er sich aussucht. Wir sind der ganz echte NEUE Einschlafdienst. Uns fällt schon was ein!«

Im Wolkenwagen drinnen war alles so gemütlich wie vorher. Selbst Eugen wurde es ganz kuschelig um die Rattennasenspitze. Schnell kletterte er auf das Bett. »Weck mich, wenn dir was eingefallen ist«, murmelte er und versank in einem Federkissen. Molli flatterte zu ihm und kitzelte ihn am Bauch. »Nix da«, sagte sie bestimmt. »Du musst mir helfen.«

Eugen blinzelte. Na gut, Molli konnte wirklich ziemlich tuerig sein. Und er war nun mal die zweite Hälfte vom Einschlafdienst. Da konnte er schlecht Nein sagen. Eugen krabbelte aus dem Bett.
Vom Regal schnappte er ein Körbchen. Er zeigte es Molli, die in einer Schublade mit Bade-Entchen wühlte.
Sie machte ein Flügel-hoch-Zeichen. »Sehr gut. Wir nehmen mal von allem etwas mit.«
Schlupp!, landete ein dickes Paar Socken im Korb. Dann eine Tüte Fencheltee. Tassen und eine Thermoskanne mit heißem Wasser. Eine Schlafmaske für die Augen. Eine Spieluhr und eine Badekugel. Weiche Daunenkissen und kuschlige Decken. Schlafanzüge, Schmusetiere. Und ein Gutenachtgeschichten-Buch.
Molli warf einen Blick ins Körbchen. »Das reicht«, meinte sie. »Wir bringen die Sachen zu Luis und den anderen, dann werden sie im Nullkommanix schlafen.«
Eugen nickte. Bestimmt würde Molli recht behalten.
Hatte sie nicht immer irgendwie recht?

Luis, Lola und Arne saßen unter einem Baum im Kreis. »Aram-sam-sam«, sangen sie lauthals und klopften sich erst auf die Knie und dann in die Hände.
Molli und Eugen setzten sich dazu und machten mit. »Gulli-gulli-gulli-gulli«, kicherte Molli und hob die Flügel bei »arafi«.
»Das macht Spaß«, sagte Eugen schon ein wenig außer Atem, »aber es macht null müde!«
Molli hielt ihre Zeigefeder in die Höhe: »Ich habe eine Einschlaf-Idee. Anstatt die Arme nach oben zu reißen und ›arafi‹ zu singen, werden wir einfach gähnen. Und LOS!«
»Gulli-gulli-gulli … Uahhhhh«, machten alle und ließen die Arme beim Gähnen nach unten hängen. Tatsächlich wurden sie mit jedem Mal langsamer und langsamer.

»Langweilig«, sagte Arne nach einer Weile.
Molli sah ihn zufrieden an. »Langweilig ist sehr gut, wenn man schlafen möchte. Sehr, sehr, sehr gut sogar. Luis, bist du schon müde?«

»Noch nicht so.« Der kleine Dachs schüttelte den Kopf.

Nun hatte Eugen auch eine Einschlaf-Idee. »Ich braue uns einen Schlaf-Zaubertrunk«, sagte er und holte Wasser, Tassen, Socken und getrocknete Fenchelsamen aus dem Korb. Dann stopfte er den Fenchel in eine Socke und ließ sie ins Wasser baumeln.
Die Socke schwamm nun wie ein Teebeutel in der Kanne und das Wasser färbte sich nach und nach.
Luis schnappte sich die erste Tasse und trank. »Lecker«, sagte er und schleckte sich über die Lippen.
»Bist du jetzt müde?«, fragte Molli.
Luis überlegte. »Vielleicht ein bisschen angemüdet. Mein Bauch zwickt noch. Was ist, wenn ich zwar einschlafe, aber wieder aufwache und Angst habe?«
»Dafür sind WIR ja da«, antwortete Molli. »Der Einschlafdienst bleibt heute Nacht hier und passt auf, dass alles gut wird.«

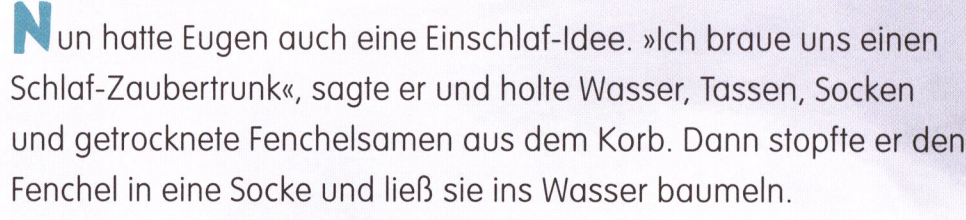

Eugen stupste Molli an. »Mir fällt noch was ein: Es hat sich noch niemand gemütlich gemacht!«

»Oh nein!« Molli schlug sich mit dem Flügel an die Stirn. »Dann fehlt ja noch das Wichtigste! Ein gemütliches Bett.« Sie legten Decken und Kissen aus und sofort kuschelten sich alle hinein.
»Einschlaf-Idee Nummer vier«, kündigte Molli an. »Die Traumschafe werden euch nun ein Schlaflied singen.«
Die Traumschafe stellten sich zu einer Pyramide auf und

begannen zu summen. Nach einer Weile sangen sie: »La-le-lu, macht jetzt mal die Augen zu! Haltet euch lieb an der Hand und schon geht es ins Träumeland!«
Arne und Lola setzten sich auf. »Wir rasten übern Rasen und besuchten dort die Hasen, die auf grünen Blättern saßen«, grölten sie so laut, dass Luis sich erschrocken die Ohren zuhielt.

Molli stöhnte. »So wird das nix. Versuch mal eine Geschichte, Eugen.«

Eugen legte sich das dicke Geschichtenbuch auf den Schoß und schlug die erste Seite auf.
»Eine dicke Staubkugel wirbelte den Hügel hinunter und blieb dann liegen.
Die Kugel kicherte und plötzlich war sie keine mehr. Im Gras sah man nun eine Eule mit bunten glitzernden Federn und eine kleine Ratte mit lustig geringeltem Schwanz. Total verwurstelt.

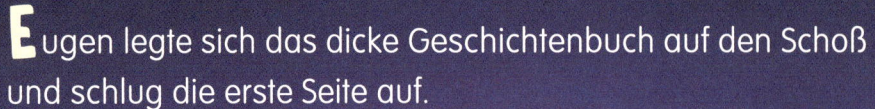

Niemand konnte sagen, wo die Eule anfing und wo die Ratte aufhörte. Die Eule hieß Molli. Die Ratte Eugen.«
Eugen blickte auf und kicherte. »Die Geschichte ist über uns!«
»Und wie geht sie weiter?«, fragte Luis mit schweren Augen.
Er gähnte ein bisschen.
Alle warteten still.

»Gleich«, flüsterte Eugen. Schnell schlüpfte er zwischen Molli und Luis unter die Decke, schob eine Pfote unter ihren Flügel und die andere gab er Luis.
Wie weich die beiden waren. Und so herrlich warm.
Luis und Molli musste es ebenso gehen, denn ihr Atem wurde tief und gleichmäßig.
Auch von Lola und Arne hörte man keinen Pieps mehr.
Eugen wollte die Geschichte weitererzählen, doch dann sah er, wie ein Traumschaf nach dem anderen zurück zum Wolkenwagen schwebte. Eins, zwei, drei …
Und schon waren alle eingeschlafen.

Lustige Musik wehte über den Park, in dem Molli,
Eugen und die anderen Tierkinder nun Hand in Hand standen.
Alles war bunt und schön.
Die Traumschafe waren verschwunden.
»Ich glaube, wir sind alle im gleichen Traum gelandet«,
meinte Molli. »Seht ihr auch die großen Bäume?« Alle nickten.
»Seht ihr den Spielplatz?«, fragte sie weiter. Wieder nickten alle.
»Nur zur Sicherheit: Zwickt mich mal!«
Lola ging zu Molli und kniff ihr fest in den Eulenbauch.
»Nichts. Gar nichts«, meinte Molli zufrieden. »Wir träumen
also wirklich.«

Luis sah die anderen an. Er wirkte nicht zufrieden. Sondern ängstlich. »Ja, wir sind in MEINEM doofen Traum. Aus dem ich immer wieder aufwache. Ich erkenne ihn ganz genau.«

Ich finde deinen Traum gar nicht doof!«, meinte Arne. »Du hast dir tolle Bäume ausgedacht. Es fehlen nur noch Kirschen, die in allen Regenbogenfarben leuchten. Und leckere Riesen-Erdbeeren, die am Wegrand wachsen und die man einfach pflücken und essen kann!«
»Und erst der Spielplatz!« Lola hopste zum Becken mit den Bällen. Sie kletterte auf die höchste Rutsche und sauste – huiii! – mitten hinein. »Supertoll!«, rief sie lachend.
»Zuerst mag ich meinen Traum auch immer gerne«, flüsterte Luis. »Aber es bleibt nicht so.«
»Vielleicht ist es anders, wenn wir dabei sind?«, meinte Eugen und knuffte den kleinen Dachs aufmunternd in die Seite.

Luis zuckte mit den Schultern. »Weiß nicht. Es ist alles wie immer. Und wie immer bedeutet das, dass es …«, er sah sich um und ein dumpfes RUMS ließ die Erde zittern, »… JETZT schrecklich wird.«
Er schluchzte und vergrub sein Gesicht in Mollis Glitzerfedern.

Lola und Arne tauchten im Bällebad unter. Gerade als sie ihre Nasen vorsichtig wieder herausstreckten, rumste die Welt erneut. »Was ist das?«, rief Arne.
»Ich weiß es ja eben nicht«, sagte Luis unglücklich. »Ich will aufwachen!«
Molli schüttelte den Kopf. »Oh nein! Wir sind alle zusammen hier. Und wir finden raus, wer oder was in deinem Traum so einen fürchterlichen Krach macht.«
Lola machte große Augen. »Trauen wir uns das?«
»Keine Ahnung«, flüsterte Arne.
»Neineineinein«, jammerte Luis.
Eugen sagte nichts, aber seine Schnurrhaare zitterten.

Doch Molli breitete die Flügel aus und glitzerte, was das Zeug hielt. Sie glitzerte so mutig, dass sich die anderen unter ihren Flügeln ganz sicher fühlten.

Plötzlich war die Angst verschwunden.
Ratzeweg.
Puffikato.

Und der Mut kam.
Zackhier.
Pengda.

Lola blinzelte. »Wir trauen uns.«
»Ich bin mir ganz sicher«, flüsterte Arne.
»Jajajajaja«, stimmte Luis mit ein.
Eugen nickte.

»Jetzt«, sagte Molli, »brauchen wir nur noch einen Plan.«

RUMS!
Die Erde zitterte wieder.
Alle fassten sich an den Pfoten. Diesmal erschrak niemand.
Das Beben kam aus dem Wald!
Zusammen überquerten sie den Spielplatz.
Zusammen gingen sie an den bunten Bäumen vorbei.
Mittlerweile bebte es nicht mehr nur.
Es knackte, knurpste und knasterte.
Es meckerte, moserte und brummte.

Ach, menno. Schon wieder!«, brummte es tief.
Das war, was sie hörten.
Was war, was sie sahen?
Ein halb fertiges Baumhaus!
Vor dem Baum mit dem Haus stand ein hellbrauner Bär. Er versuchte, einen dicken Baumstamm nach oben auf das Dach der Hütte zu stemmen. Doch der Stamm rollte ihm immer wieder entgegen.
Als der Bär ihn nicht mehr halten konnte, plodderte der Stamm auf den Waldboden.
RUMMMS! Die Erde bebte.
»GRRRR«, brommelte der Bär. »Jetzt mag ich nicht mehr!«
Dabei sah er alles andere als gefährlich aus. Vielleicht groß. Und stark. Und haarig. Aber nett. Sehr nett sogar.
Fanden Molli und Eugen.
Auch Arne und Lola. Und Luis? Luis sagte: »Du hast uns mit deinem Krach erschreckt!«

Der Bär drehte sich um. Erstaunt sah er die Tiere an.
Dann deutete er auf den kleinen Dachs. »Du bist Luis. Und ich bin in deinem Traum. Ich wollte ein tolles Baumhaus für dich bauen, damit wir miteinander spielen können.«
Luis hüpfte aufgeregt auf und ab. »Ein Baumhaus wollte ich schon immer haben! Dürfen meine Freunde auch mitspielen? Und wie heißt du überhaupt?«
»Mehmet«, sagte der Bär. »Aber bevor wir spielen können, müssen wir das Baumhaus fertig bauen.«

Sie trugen Holz.
Sie hoben es hoch.

Sie machten es mit Seilen fest.

Und sie lachten, wenn ein Holzstamm runtersauste.

RUMS!

Dann war das Baumhaus fertig.
Und es war großartig.

Zum Drumherumspielen.
Zum Drinnenspielen.
Zum Drinnengemütlichsein.

Plötzlich schwebten die Traumschafe am Baumhaus-Baum vorbei. Sie mähten. »Je-e-etzt ist Schluss für heute. Genug geträumt! Aufwachen!«

Luis sah sie verwirrt an. »Ich dachte immer, ihr seid nur zum Einschlafen da?«

»Traumschafe können beides«, sagte das größte der Schafe. »Und jetzt hopp, hopp! Wir bringen euch zurück.«

»Tschüss, Mehmet! Bis bald!«

»Tschüss. Es war schön mit euch!«, meinte Mehmet und drückte Luis, bevor der auf sein Traumschaf kletterte.

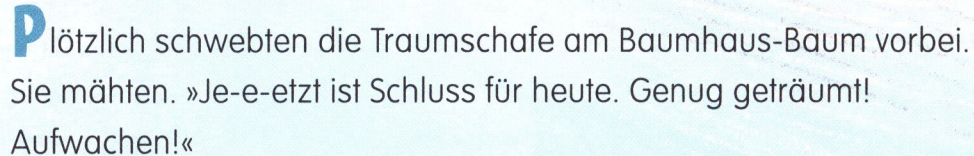

Molli und Eugen öffneten die Augen und
lagen unter den weichen Decken.
Die Sonne schien gemütlich auf die Lichtung.
Die Schafe weideten vor dem Wolkenwagen.
Und sie waren kein bisschen außer Atem vom
Ritt aus dem Traumland.
»Auftrag ausgeführt!«, meinte Molli glücklich und
glitzerte in der Morgensonne.
Sie hatten alle in Luis' Traum herumgeträumt und dabei sogar
herausgefunden, warum Luis nicht mehr schlafen wollte!
»Wir sind ein superduper Einschlafdienst«, sagte Eugen stolz.
Der kleine Dachs rieb sich die Augen. »Danke«, strahlte er.
»Ich freue mich schon, wenn ich Mehmet wiedersehe.«
»Wir kommen mit!«, riefen Arne und Lola.

In diesem Augenblick blinkte der Wolkenwagen und der Lautsprecher tönte: »Achtung! Auftrag erhalten. Auftrag wird vom Einschlafdienst ausgeführt.«
Molli sah Eugen an und Eugen sah Molli an.
»Los geht's! Jetzt beginnt ein

neues

Abenteuer!«

Bei diesem Buch wurden die durch das verwendete Material und die Produktion entstandenen CO_2-Emissionen ausgeglichen, indem Penguin JUNIOR ein Projekt zur Aufforstung in Brasilien unterstützt. Weitere Informationen zu dem Projekt unter:
www.ClimatePartner.com/14044-1912-1001

Penguin Random House Verlagsgruppe
FSC® N001967

Sollte diese Publikation Links auf Webseiten Dritter enthalten, so übernehmen wir für deren Inhalte keine Haftung, da wir uns diese nicht zu eigen machen, sondern lediglich auf deren Stand zum Zeitpunkt der Erstveröffentlichung verweisen.

1. Auflage 2023
© 2023 Penguin JUNIOR in der
Penguin Random House Verlagsgruppe GmbH,
Neumarkter Str. 28, 81673 München
Alle Rechte vorbehalten
Text: Ann-Katrin Heger
Illustrationen: Megan Higgins
Umschlaggestaltung: Maria Proctor, Würzburg
RS · Herstellung: AW
Satz und Reproduktion: Lorenz+Zeller GmbH, Inning a. A.
Druck: Livonia Print Ltd., Riga
ISBN 978-3-328-30224-7
Printed in Latvia

www.penguin-junior.de

Ann-Katrin Heger arbeitete viele Jahre als Redakteurin in verschiedenen Kinder- und Jugendbuchverlagen, bevor sie sich als Autorin selbstständig machte. Sie lebt mit ihrer Familie und vielen Büchern in Fürth.

Megan Higgins stammt ursprünglich aus Ohio, lebt aber nun in Österreich. Wenn sie nicht gerade illustriert, geht sie gerne wandern oder Ski fahren, liest oder verbringt Zeit mit ihrer Katze und ihren zwei Hunden. Außerdem unterrichtet sie an einer internationalen Schule mitten in den Alpen.

Entdecken Sie unsere Vorlesewelten!

Liebe Eltern, liebe Vorlesende,

wir freuen uns, dass dieses Vorlesebuch zu Ihnen gefunden hat, und wünschen Ihnen und Ihren Kindern eine wunderbare gemeinsame Geschichtenzeit!

Vorlesen macht stark!

Das gemeinsame Eintauchen in die Geschichten fördert Fantasie und Mitgefühl und vermittelt Kindern Sicherheit und Geborgenheit. Immer!

Vorlesen macht schlau!

Vorlesegeschichten stecken voller Wissen, machen neugierig – und beim Zuhören erweitern die Kinder ganz nebenbei auch ihren Wortschatz. Vorlesen ist der erste Schritt zum Lesenlernen.

Vorlesen ist einfach!

Ganz gleich, ob Sie gerade viel Zeit haben oder wenig, lesen Sie in Ihrem Rhythmus und wie Sie es möchten. Ob Sie das Vorlesen inszenieren wollen oder einfach den Text vorlesen – allein das gemeinsame Erlebnis zählt, beim Lesen, aber auch beim Betrachten der dazugehörigen Bilder.

Vorlesen macht Spaß!

Ob zu festen Zeiten oder zwischendurch im Alltag: Unsere Geschichtenwelten warten auf Sie – und auf die Kinder!

Viele weitere Tipps zum Vorlesen finden Sie auf
www.stiftunglesen.de und
www.penguin-junior.de

Gemeinsam fürs Vorlesen!

Entdecken Sie unsere Vorlesewelten!

Kindergarten Wunderbar
Komm, flieg mit uns
ins Abenteuer!
Ab 4 Jahren, 112 Seiten,
ISBN 978-3-328-30035-9

Olli aus der Igelhecke
Der Freundschafts-
Wettbewerb
Ab 4 Jahren, 80 Seiten,
ISBN 978-3-328-30082-3

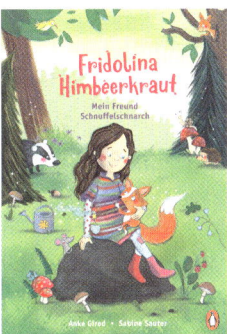

Fridolina Himbeerkraut
Mein Freund
Schnuffelschnarch
Ab 4 Jahren, 80 Seiten,
ISBN 978-3-328-30002-1

Deine Schutzengel
Hab keine Angst,
wenn's dunkel ist
Ab 4 Jahren, 64 Seiten,
ISBN 978-3-328-30015-1

Krümels Abenteuer
auf der Träumeburg
Ab 4 Jahren, 128 Seiten,
ISBN 978-3-328-30036-6

Gemeinsam sind wir
sternenstark!
Ab 4 Jahren, 128 Seiten,
ISBN 978-3-328-30124-0

Tilli Tüpfel und das ziemlich
zahme Zaubertier
Ab 4 Jahren, 112 Seiten,
ISBN 978-3-328-30074-8

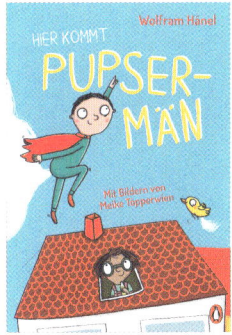

Hier kommt
Pupsermän!
Ab 4 Jahren, 88 Seiten
ISBN 978-3-328-30081-6

Gemeinsam fürs Vorlesen!

www.penguin-junior.de